AEROPLANE

KYN. TANIYA

AEROPLANE
by Kyn Taniya
Translated from the Spanish by Anthony Seidman & David Shook
Insert Blanc Press
ISBN: 978-1-947322-98-1

Manifestoh!
Series Editor David Shook

insertblancpress.net

ÆROPLANE

KYN. TANIYA

1917 – POEMS – 1923

Translated by Anthony Seidman & David Shook

Editorial "Cvltvra"
México 1923

INSERT
BLANC
PRESS

Los Angeles

TO LUIS QUINTANILLA
to the artist,
to my best of friends,
to my father,
this book is affectionately dedicated.

K. T.

AVION. Oiseau des nues, construit
par l'homme pour aller aux étoiles.
Les nuages ont des couleurs de fleurs
et il vient s'y poser; puis s'enva de
rose en rose, sans jamais piailler. Sur
ses larges ailes géométriques, viennent
se poser, fatigués, les petits oiseaux
de la terre et les rêves jolis des
pauvres hommes qui se traînent
encore sur la poussière grise de nos
chemins.

K. T.

ESTACIONES

PRIMAVERA

La lavandera que canta   y la ribera del río
chica de senos abultados
La blancura de tu camisa almidonada
y la amorosa falda que se pega a tus formas
Maduran las pomas en el tierno arbusto
cual tus dos senos en tu cuerpo lleno de sol
y to carne rosa huele a jabón

CANTEMOS ES EL ALBA

            las nubes comienzan a girar
               en tus ojos
No sientes correr dulcemente
la savia tibia
               en los árboles
El pasto refresca nuestros pies descalzos
         ¿Qué es más duro
           este fruto verde

Mas un enorme fruto de oro lentamente se eleva
que comienza a quemar nuestra piel desnuda

           ¡va!

para aturdirnos
todemos enlazados en los trigales
           niños friolentos

                   México, 3-8-19

SEASONS

SPRING

The washerwoman who sings   and the bank of the river
girl with swollen breasts
The whiteness of your starched shirt
and the loving skirt that clings to your forms
The pommes ripen on the tender shrub
like your breasts on your body filled with sun
and your pink flesh smells of soap

WE SING IT IS THE DAWN

                              the clouds begin to spin
                                        in your eyes

You don't feel the warm sap
sweetly drip

                                        down the trees

The grass refreshes our bare feet
                    What is harder,
                        this green fruit?

But an enormous fruit of gold slowly rises
that begins to burn our naked skin

                              GO!

to stun us
we roll tangled through the wheat fields
                              frigid children

                                        Mexico, 3-8-19

9

VERANO

Abro los ojos
mi alma se espereza al sol de la mañana

¡C O C O R I C O!
                                    El cielo está azul
tan azul
                                    El muro es blanco
por la ventana abierta
                                    azúcar o nieve
el aire perfumado de flores
y tú
mi amada que despierta en mis brazos
perfumada de amor y de juventud
MIRA PUES
                                    abre bien tus azorados ojos
es la fresca verde que sonríe

                                    SALTA DE TU LECHO

río
ruido de copas que brindan
Aurora camina sobre el pasto sin quebrar el rocío
            y sumergirse
nadar con las manos llorando cristal
                                    Verano
pajarillo rojo
que canta esta mañana en mi jardín

                                    México, 18-7-19

SUMMER

I open my eyes
my soul stretches out in the morning sun

        C O C O R I C O!

             The sky is blue
so blue

             The wall is white
through the open window

                sugar or snow
the air perfumed with flowers
and you
my beloved who wakes up in my arms
perfumed with love and with youth
LOOK THEN

              open wide your flustered eyes
it's the cool sidewalk smiling

        JUMP OUT OF BED

river
the clink of toasting glasses
Aurora walks over the grass without breaking the dew
      and submerging herself
to swim with hands weeping glass
             Summer
little red bird
that sings in my garden this morning

               México, 18-7-19

OTOÑO

Estación de árboles amarillos
Crepúsculo de las selvas que todo el verano cantaron
Sobre el suelo polvoso de oro
las hojas quemadas vienen a posarse
                              leves
como pájaros que todo el verano cantaron
Silenciosos recuerdos que se van
                              l a s   h o j a s   c a e n

Cambiemos de página
En el poniente de oro
como una gran selva de otoño
que todo el verano hubiese cantado
última hoja roja del árbol de la vida
                              mi corazón tiembla

Y LA BRISA DE LA TARDE LO ARRANCARÁ

como a los otros
                              y mi pobre corazón caído
ya no cantará más el verano
en esta estación de árboles amarillos

                                        México, 5-8-19

AUTUMN

Season of yellow trees
Twilight of the forests that sang all summer long
Over the dusty gold soil
the burned leaves come to lay down
                                        softly
like birds that sang all summer long
Silent memories that depart
                        t h e   l e a v e s   f a l l

Let's turn the page
On the setting gold
like a great autumn forest
that had been singing all summer long
last red leaf of the tree of life
                        my heart trembles

AND THE AFTERNOON BREEZE WILL TEAR IT AWAY

like the others
                        and my poor fallen heart
will no longer sing the summer
in this season of yellow trees

Mexico, 5-8-19

INVIERNO

Nada de éste mundo me atrevo a tocar
             de tal modo es frío
El sol se ha perdido
y el pobre mundo tan pálido
poco a poco se hiela se hiela
¿Adónde pues ha podido caer
                ese sol
que yo amaba tanto?
Los campos blanqueados
están salpicados de pequeños cadáveres
de flores y pájaros
muertos de frío
los campos blancos como las manos de una niña muerta
y entre el cielo
      y la tierra
yo vago tristemente
        como un copo de nieve

WINTER

Nothing in this world do I dare to touch
                    that's how cold it is
The sun has gotten lost
And the poor world so pale
little by little freezes freezes
Where then has it been able to fall
                              this sun
that I so loved?
The whitened fields
are speckled with the small cadavers
of flowers and birds
dead from the cold
the fields white like a dead girl's hands
and between the sky
        and the earth
I wander sadly
        like a snowflake

II

Correr pos los campos
con los piés salpicando nieve

    bajo el ojo azul de la noche
    pensativa lechuza
entre las ramas llorosas
de blancura
   Señora mía
Cada quien llevamos una estrella
   escondida
Los patines resbalan sobre el hielo
azul también
   sobre el lago
unos patines malditos
acaban de dibujar tu nombre

II

Running through the fields
with feet speckling snow
                    beneath the blue eye of night
                    pensive owl
among the tearful branches
of whiteness
            My lady
Each of us carries a hidden
            star
The skates slide over the ice
also blue
            over the lake
a pair of damned skates
has just drawn your name

III

Tú
  recuerdos
      pasos
         sobre
            la
               nieve
caídos
     Blancura
     Locura
Yo temo que el mundo se borre

París, 1-1-17

III

You
    memories
        steps
            over
                the
                    snow

fallen
    Whiteness
    Madness
I fear the world is being erased

Paris, 1-1-17

BÉLICOS

PELLIZCO

¡ÁDELANTE!
                es la turba de los jóvenes!
Roja vibración de las banderas y de las hombres
llamas del gran incendio
                        la vida
y la carrera loca a través de las calles
del auto rojo de los bomberos vuelto loco
AH! AH! AH! AH! AH! AH!

                Riamos riamos amigos míos
¿Oís a las ametralladoras
carcajearse es las esquinas de las calles?

                        ¡VAMOS! ¡ARRIBA LOS JÓVENES!

Que los cráneos calvos estallen en la punta de nuestros garrotes
después nosotros subiremos sobre el montón de cadáveres
                                para ver desde más alto
Que los gimnastas y los aviadores hagan saltos mortales
Los puños cerrados

                        ¡VIVA LA RABIA!

Matemos
matemos a los pacifistas y a los neutrales
matemos al dolor

                        ¡SINVÉRGÜENZAS!

WAR

PINCH

ONWARD!
　　　　　it's the swarm of the youth!
Red vibration of the flags and the men
flames of the great fire
　　　　　　　　　life
and the mad race through the streets
of the firemen's red car gone mad
AH! AH! AH! AH! AH! AH!

　　　　　Let's laugh let's laugh my friends
Do you hear the machine guns
cackling on the corners of the streets?

　　　　　　　　LET'S GO! UP WITH THE YOUTH!

May bald skulls burst at the tip of our clubs
then we will climb up the pile of cadavers
　　　　　　　　　　　to see from on high
May the gymnasts and aviators take mortal leaps
Fists closed

　　　　　　　LONG LIVE FURY!

Let's kill
let's kill the pacifists and the neutral
let's kill pain

　　　　　　　UNASHAMEDLY!

Somos los últimos hijos del hombre
con cabelleras de sol y corazones de tigre
Degollemos a las amantes cobardes
que se cuelgan a nuestros cuellos
celosas de la gloria en flor

CATEDRAL arde como una antorcha encendida
y podemos ver mejor la ruta   ahora
¡INCENDIEMOS EL PASADO PARA ILUMINAR EL PORVENIR!
Caen los viejos como las hojas muertas
                sobre el verde césped
pero nosotros rastrillaremos todas esas cosas sin vida
jardineros de futuros jardines
y los románticos pianos negros se marcharán pos las ventanas
é incendiaremos los gruesos libros escritos con lágrimas
y romperemos de un salto las telas pintadas con la sangre
aros del perrito del circo de París
Con un motor de avión palpitando dentro del pecho
¡UNÁMONOS PARA MATAR A LA TRISTEZA
                        HIJA MALDITA!

Ni siquiera soñéis en el dulce murmullo de los grandes ríos rojos
La sangre de nuestros enemigos tiene el color de las cloacas

                    ¡ADELANTE!

We are the last sons of man
with horsemen of sun and tiger-hearts
Let's behead the coward lovers
that hang at our necks
jealous of glory in bloom

CATHEDRAL burns like a lit torch
and we can better see the route   now
LET'S BURN THE PAST TO ILLUMINATE WHAT'S TO COME!
The old fall like dead leaves
        over the green grass
but we will rake all these lifeless things
gardeners of future gardens
and the romantic black pianos will leave through the windows
and we will burn the thick books written with tears
and we will break the cloths painted with blood in a single leap
the rings of the little circus dog in Paris
With an aeroplane's motor beating in the chest
UNITE TO KILL SADNESS
        DAMNED DAUGHTER!

Don't even dream of the sweet murmur of the great red rivers
Our enemies' blood is the color of the sewer

        ONWARD!

gloriosos asesinos
incediarios del pasado
exploradores del porvenir
                Sin duda
vosotros no tendréis el pálido laurel
                    de los uniformes académicos
Pero sigamos

MARCHEMOS AL RITMOS DESORDENADO
DE NUESTRAS JÓVENES MANDÍBULAS CRUJIENTES DE RABIA

París, 12-4-18

24

glorious assassins
arsonists of the past
explorers of what's to come
                    Without a doubt
you do not have the pale laurel
                        of the academic uniform
But we continue

LET'S MARCH TO THE DISORDERLY RYHTHM
OF OUR YOUNG MANDIBLES CREAKING WITH FURY

                                    Paris, 12-4-18

20 DE NOVIEMBRE DE 1918

Aisladas en la tristeza universal
las casas lloran como niñas perdidas

y las lágrimas resbalan lentamente
sobre sus fríos ojos grises
                              la calle

¡Todo está desencadenado!
Adonde pues está el aviador
entre ese murmullo de flechitas
                              que caen
sobre el asfalto
sobre el techo
sobre mi corazón
Los cielos se han hendido
y si por desgracia la bóveda se desploma
los pedazos nos aplastarán

Y AQUELLOS QUE SOBREVIVAN SERAN CEGADOS POR LA LUZ

Dos nubarrones morados
caen en llanto de plata
                    sobre la ciudad enferma

                                        ¡París!

20ᵗʰ OF NOVEMBER OF 1918

Isolated in universal sadness
the houses cry like lost girls

and tears slide slowly
over their cold gray eyes
                              the street

Everything is unchained!
Where then is the aviator
among this murmur of small arrows
                              that fall
over the asphalt
over the roof
over my heart
The heavens have split open
and if the dome unfortunately collapses
the ruins will crush us

AND THOSE WHO SURVIVE WILL BE BLINDED BY THE LIGHT

Two purple storm clouds
fall in silver tears
                    over the sick city

                                        Paris!

28 DE JUNIO DE 1920

A un ex periodista mexicano
que descansa dos veces en la
paz del olvido

Amigo Rip
    R. I. P.
Quiero ser el rey de los cursis hoy

VIVA FRANCIA

Palidezco de emoción
y mi corazón se estremece como una bandera

VIVA FRANCIA

hay sol pero escuchad la tormenta
           El mar revienta y revienta
          con su gran rabia azul
Quiero reír más fuerte que todos sobre la tierra
en medio de los choques de copas que se quiebran
oh
la cabecita de mi vida

SEÑORES
ESTE DÍA NO ESTABA EN EL CALENDARIO

vosotros los que lloráis
es preciso que cantéis al murmullo del champagne
gran marea oro y espuma

VIVA FRANCIA

28TH OF JULY OF **1920**

To a Mexican ex journalist
who rests twice over in the
peace of oblivion

Friend Rip
    R. I. P.
I want to be king of the curtsies today

LONG LIVE FRANCE

I pale with emotion
and my heart shudders like a flag

LONG LIVE FRANCE

There's sun but hark the storm
                The sea tosses and tosses
                with its great blue fury
I want to laugh harder than everyone on earth
in the midst of the clashes of glasses breaking
oh
the little head of my life

SIRS
THIS DAY WAS NOT ON THE CALENDAR

You who cry
it is necessary for you to sing at the hum of champagne
great tide gold and foam

LONG LIVE FRANCE

En la gran procesión de pabellones multicolores
                    hay el color de tus ojos
Los labios femeninos florecen en besos rojos
y las campanillas cantan como pájaros amarillos
                    "Aux armes citoyens..."
las copas susurran como besos
rosas paganas rosas doradas
cálices que levantamos en el aire azul
Es un poco de ti O Sol
lo que bebemos hoy

                    SEÑORES
                    LA GUERRA HA TERMINADO

los pequeños senos de me amiga
mi París que sonríe
y por allá en la colina
                    e l   g a l l o   c a n t a

                              México, junio 28 de 1920

In the grand procession of multicolored pavilions
                    there is the color of your eyes
Feminine lips flower in red kisses
and the little bells sing like yellow birds
                    "Aux armes citoyens..."
the glasses whisper like kisses
pagan roses golden roses
chalices that we raise in the blue air
What we drink today
is a little of you O Sun

                SIRS

                THE WAR HAS ENDED

my friend's little breasts
my Paris that smiles
and over there on the hill
                    the cock sings

                    Mexico, June 28th, 1920

LA MARSELLESA

Visión guerrera

I

Esta mañana
quiero escribir una obra maestra
estruendo de las cataratas de las selvas mexicanas

ALLONS ENFANTS DE LA PATRIE

los ojos cerrados

yo veo
en mi cráneo iluminado como una lámpara
Lluvia de oro del sol y de los clarines
No marchéis mas que sobre rosas
bravos "poilus"
Que las mujeres vayan pronto a perfumarse
para ofrecernos su ternura
Hay jóvenes de mirada sombría
y banderas ensangrentadas
y también cruces llenas de sol
LE JOUR DE GLOIRE EST ARRIVÉ
Los sedienros de victoria sienten escalofrío
y los clarines de asalto que guiaban a la muerte
cantan ahora como pájaros ebrios
Elefantes del gran circo ambulante
los viejos cañones ennegrecidos
lentamente caminan
Apaches
con la boca llena de flores
en la cima de la torre Eiffel
Azul   blanca   y   roja

LA FRANCIA ENTERA SE ESTREMECE

THE MARSEILLAISE

Warrior vision

I

This morning
I want to write a masterpiece
the roar of the waterfalls of mexican forests

ALLONS ENFANTS DE LA PATRIE

                                         eyes closed
I see
in my skull lit up like a lamp
Rain of the sun's gold and of the bugles
You will no longer walk over roses
                     brave "poilus"
May the women go soon to perfume themselves
to offer them their tenderness
There are youth of somber gaze
and bloodstained flags
and also crosses full of sun
LE JOUR DE GLOIRE EST ARRIVÉ
Those thirsty for victory have goosebumps
and the attack bugles that guided death
now sing like drunk birds
                         The elephants of the great traveling circus
the old blackened cannons
                     slowly walk
Apaches
with mouths full of flowers
at the top of the Eiffel Tower
                  Blue   white   and   red

                  ALL OF FRANCE TREMBLES

En el desfile de la Victoria, en París,
los muertos también pasaron bajo
el Arco del Triunfo

l o s   h o m b r e s   s i l e n c i o s o s   p a s a n
tristes como ensueños
pedazos de cielo caídos
gigantes vestidos de horizonte
acostados en mortajas tricolores
l o s   h o m b r e s   s i l e n c i o s o s   p a s a n

¡CALLAOS INSENSATOS!

D e s f i l a n
              aquellos que cerraron los ojos
              en los campos de batalla
Que los arogantes penodones se inclinen
y después las cabezas también
Ved héroes destrozados
a vuestro París de luto
                                    los cafés   el metro
Pasead una última vez
por los Campos Elíseos
              ¡MARCHONS!

Harmonio y tam-tam negro
a lo lejos lloran las notas de una Marsellesa fúnebre
Marchemos detrás de aquellos que murieron
para que nosotros viviéramos
Que las mujeres arrojen flores
empapadas en sus lágrimas
y los soldados sus cruces
En el mundo entero
no habrá laurel bastante

In the Victory parade, in Paris,
the dead also passed beneath
the Arc de Triomphe

the silent men pass
sad like fantasy
slabs of fallen sky
giants dressed in horizon
lying on tricolored shrouds
the silent men pass

SILENCE FOOLS!

They file past
those who closed their eyes
on the battlefields
May the arrogant banners bow
and then the heads as well
Go destroyed heros
to your mourning Paris
the cafes   the metro
Walk one last time
down the Champs-Élysées
MARCH!

Harmonium and black tam-tam
cry notes of a Marseillaise funeral in the distance
Let's march behind those who died
so that we might live
May the women throw flowers
drenched in their tears
and the soldiers their crosses
There aren't enough laurels
in the entire world

Mas para que el misterio se cumpliera
fué preciso mezclar las lágrimas de las madres
con la sangre de los soldados

ARCO DE TRIUNFO

tus héroes de piedra se conmueven
bajo el cielo de mármol negro
lápida de tumba
                    y trás las cureñas cargadas de flores
                    y de cadáveres
todo un río negro solloza y solloza y solloza

EL CIELO ESTA SOMBRÍO COMO UN GRAN VELO DE VIUDA

But for the mystery to be fulfilled
it was necessary for mothers' tears
to be mixed with soldiers' blood

ARC DE TRIOMPHE

your heroes of stone moved
beneath the black marble sky
tombstone
                and behind it the guncarriage loaded with flowers
                and with cadavers
all a black river sobs and sobs and sobs

THE SKY IS SOMBER LIKE A GREAT WODOW'S VEIL

III

Pero he ahí que estalla a lo lejos una brillante fanfarria de clarines de plata y de oro: es una Marsellesa triunfal, majestuosa como un mar agitado. Todos los vivientes la gritan en la atmósfera que se ha vuelto repentinamente primaveral, y las almas extraviadas en los campos de batalla se unen todas para formar una giigantesca MARSELLESA ALADA que vuela un momento sobre París y después lentamente se eleva hacia el sol.

México, 3-6-19

III

But behold in the distance a great fanfare of gold and silver bugles exploding: it is a triumphant Marseilles, majestic like an agitated sea. All the living shout it out into the atmosphere that they have turned suddenly springlike, and the souls lost on the battlefields all unite to form a gigantic WINGED MARSEILLAISE that flies for a moment over Paris and then slowly rises toward the sun.

Mexico, 3-6-19

NOCTURNOS

ROSA

En la noche clara cual noche de la India
apenas si un leopardo pasa
                          cerca de mi choza
Acuarela de estudiante
El cielo está salpicado de oro
entre el negro plumaje de las palmeras que se mecen
El creciente es de oro también
s o b r e   e l   c i e l o   r o s a
como un sueño de niño
Los cuervos de alas negras
bajan de los volcanes de nieve rosa
a girar sin ruido
s o b r e   m i   c a b e z a

PERO BASTA YA DEL BALANCEO DE MI HAMACA

            niña voluptuosa y dócil
Los mosquitos cantan la tibieza rosa
y yo
vóyme a ahogar me pena
en el lago tibio domo una rosa

México, 1-4-19

NOCTURNES

PINK

In the clear night that India night
hardly a leopard passes
                              near my hut
A student's watercolor
The sky is speckled with gold
among the black plumage of the swaying palms
The crescent moon is made of gold too
o v e r   t h e   p i n k   s k y
like a child's dream
The black-winged crows
come down from the pink-snowed volcanoes
to noiselessly circle
o v e r   m y   h e a d

BUT ENOUGH OF THE SWINGING OF MY HAMMOCK

        voluptuous and docile girl
The mosquitos sing pink tepidity
and I
am going to drown my pain
in the tepid lake like a rose

Mexico, 1-4-19

AZUL

Silencio
Los suspiros se pierden
en la noche de un noviembre soñador
La luna ríe
Una hora cáe
y estrellas también
Está húmeda mi alma
del rocío azul

                              de la luna que sueña

HORROROSO DOLOR

Las locomotoras aúllan
aúllan en la noche

BASTA BASTA

Cometas
Penachos de estrellas
que caen
en los campos azules
donde los gallos cantan

BLUE

Silence
The sighs are lost
on this dreaming November's night
The moon laughs
An hour falls
and stars too
My soul is moist
with the blue dew

                        of the dreaming moon

HORRIFIC PAIN

The locomotives howl
howl in the night

ENOUGH ENOUGH

Comets
Crests of stars
that fall
on the blue fields
where the cocks sing

II

Todo ha muerto en me cuarto
y yo fumo
  La luna me hace señas
sobre el muro azul
    Esta luna que me impide dormir
Estrellas
lágrimas de medianoche
  que caen siempre
  sin llegar hasta mis secos labios
La noche me guiña su ojo azul
  la coqueta
    y yo fumo

        París, 11-27-17

II

Everything has died in my room
and I'm smoking
      The moon signals me
over the blue wall
          This moon that impedes my sleeping
Stars
midnight tears
      that always fall
      without reaching my dry lips
The night winks its blue eye at me
      a flirt
          and I smoke

Paris, 11-27-17

NEGRO

La bandera negra
flota sobre me corazón que llora
En la noche sin estrellas

    un suspiro
    nada
es el alma desolada de los viejos que se ván
en la noche sin estrellas

La luna está negra como el ojo de un bandido
Plegarias y lágrimas surgen de la sombra
Negras se han vuelto las rosas y las violetas también
El plenilunio negro acaricia a flores negras
en los cementarios blancos
     La luna está negra
como el ojo de un bandido que mira
    T e n g o m i e d o

  ¡ENCENDED!

        México, 2-5-19

BLACK

The black flag
floats over my crying heart
On the starless night
                    a sigh
                    nothing
is the desolate soul of the elderly departing
on the starless night

The moon is black like a bandit's eye
Prayers and tears surge from the shadows
The roses have turned black and the violets too
The full black moon caresses black flowers
in the white cemeteries
                    The moon is black
like a bandit's eye staring
                    I a m a f r a i d

        IGNITE!

                                Mexico, 2-5-19

INCOLORO

Un esqueleto sentado
palidece tras la vidriera
    de la casa de enfrente
Resuenan pasos en la banqueta
    alguien camina
en mi cerebro
    y el esqueleto escribe
la linda romanza de amor
sobre la página color de luna
Mi corazón es una rosa roja que entreabre
a tus besos
                Los tranvías no paran de cantar
y el reloj de sonar
como una niña terca

Ese canto horrible del maldito pájaro
que revoltea sobre mi París
Los projectores luminosos escudriñan a las hipócritas nubes
y la muerte cáe sordamente en las calles abandonadas
Tras la vidriera de la casa de enfrente
el esqueleto sentado
             sonríe

París, Nov. 1918

COLORLESS

A seated skeleton
pales through the glass window
        of the house opposite
Steps sound along the curb
        someone's walking
in my brain
        and the skeleton writes
love's beautiful ballad
on a sheet the color of the moon
My heart is a red rose that half opens
to your kisses
                        The streetcars are singing
and the clock rings
like a stubborn girl

That horrible song of the damned bird
that hovers over my Paris
Floodlights scan the hypocritical clouds
and death falls deafly on the abandoned streets
Through the glass window of the house opposite
the seated skeleton
                        smiles

                                Paris, Nov. 1918

AGUAS FUERTES

PARTIDA

I

ME HE ENCONTRADO A ALGUIEN SENTADO EN UN TAXI
¿SERÁ UN PELELE O BIEN UN JOVEN MUERTO?
HOY EL DOLOR MORDIÓ MUY FUERTE MI CORAZÓN
Y ESA INMOVILIDAD YO SUPE QUE ERA LA MÍA
CUANDO MIS OJOS ENCONTRARON AL APARADOR ESPEJO
LOS EDIFICIOS TODOS QUISIERON INVADIRME
PARA HUÍR CONMIGO
Y LOS AUTOS CELOSOS EN ME PERSECUSIÓN CORRÍAN
PERO EL TAXI VOLABA COMO UNA ABEJA ROJA

STRONG WATERS

DEPARTURE

I

I HAVE FOUND MYSELF SOMEONE SEATED IN A TAXI
COULD IT BE A PUPPET OF A DEAD YOUNG MAN?
TODAY A PAIN VERY STRONG BIT MY HEART
AND THAT IMMOBILITY I KNEW IT WAS MINE
WHEN MY EYES ENCOUNTERED THE DRESSER MIRROR
THE BUILDINGS ALL WANTED TO INVADE ME
TO FLEE WITH ME
AND THE AUTOS RAN ZEALOUS IN MY PURSUIT
BUT THE TAXI FLEW LIKE A RED BEE

II

UN MONTÓN DE LOCOS ESPERABA EN LA ESTACIÓN
BOLA DE BANDIDOS LLEVÁNDOSE EL BOTÍN
GENTES ENLUTADAS SOBRE EL ANDÉN GRIS
Y BLANCAS PALOMASSE AGITARON
AL CABO DE LOS BRAZOS EXTENDIDOS
CUANDO EL TREN SILBÓ

II

A HEAP OF CRAZIES AWAITED ME AT THE STATION
A TANGLE OF BANDITS TAKING THE LOOT
PEOPLE IN MOURNING ON THE GRAY PLATFORM
AND WHITE DOVES FLUTTER
AT THEIR OUTSTRETCHED ARMS
WHEN THE TRAIN WHISTLES

III

Y YA NO TE VOLVERÉ A VER NUNCA MÁS NUNCA MÁS

México, 22-8-19

III

AND I'LL NEVER SEE YOU AGAIN NEVER AGAIN

MEXICO, 22-8-19

LU MI AMIGO

LA RUTA ES LARGA LA RUTA ES LARGA
LUIS MI AMIGO
EL JOVEN CAMINABA SIN BAJAR LA VISTA
Y EL PERFUME DE LAS FLORES LE ENTRABA EN LA NARIZ
Y EL PERFUME DE LAS MUJERES Y EL PERFUME DEL CIELO
LA TORRE EIFFEL NO ES MÁS ALTA QUE TUS CABELLOS RUBIOS
NI SU PABELLÓN TRICOLOR DONDE EL SOL SE DIVIERTE
MARCHA CON LA CABEZA ERGUIDA JOVEN ATLETA
ESTA MONTAÑA BLANCA Y AZUL
AL CABO DEL CAMINO LLENO DE ESPINAS
NO ES MAS QUE UNA OLA QUE SE IRÁ

¡Y PASARÁS!

FILADELFIA, 8-19-20

LU MY FRIEND

THE ROUTE IS LONG THE ROUTE IS LONG
LUIS MY FRIEND
THE YOUNG MAN WALKED WITHOUT LOWERING HIS GAZE
AND THE PERFUME OF THE FLOWERS ENTERED HIS NOSE
AND THE PERFUME OF THE LADIES AND THE PERFUME OF HEAVEN
THE EIFFEL TOWER IS NOT TALLER THAN YOUR BLONDE HAIRS
NOR ITS TRICOLOR PAVILLION WHERE THE SUN HAS FUN
MARCHES WITH HEAD UPRIGHT YOUNG ATHLETE
THIS BLUE AND WHITE MOUNTAIN
THE END OF THE SPINEY PATH
IS NOTHING MORE THAN A WAVE THAT WILL LEAVE

AND YOU WILL PASS!

PHILADELPHIA, 8-19-20

DESPERACIÓN

CLAVELES LIRIOS TULIPANES ROSAS
VIOLETAS MARGARITAS AMAPOLAS
VENID POR LA LLANURA LA SELVA Y LA COLINA
VENID
ELEFANTES LEONES TIGRES Y LEOPARDOS
SERPIENTES Y BUEYES PERROS Y CABALLOS
VENID POR LAS PAMPAS
    DESIERTOS
        Y CAMPOS
ÁRBOLES Y HOJAS FRUTOS Y PÁJAROS
ESCUCHAD
VENID TODOS
FRESAS MANZANAS NARANJAS Y DURAZNOS
VENID TODOS RÁPIDAMENTE
    QUE ACABAN DE OCULTAR MI AMOR BAJO LA TIERRA
    Y NO SÉ DONDE   NO SÉ DONDE   NO SÉ DONDE

México, 22-8-19

DESPERATION

CARNATIONS IRISES TULIPS ROSES
VIOLETS DAISIES POPPIES
COME FOR THE PLAINS THE FOREST AND THE HILL
COME
ELEPHANTS LIONS TIGERS AND LEOPARDS
SNAKES AND OXEN DOGS AND HORSES
COME FOR THE PAMPAS
     DESERTS
             AND FIELDS
TREES AND LEAVES FRUITS AND BIRDS
LISTEN
COME ALL
STRAWBERRIES APPLES ORANGES AND PEACHES
COME QUICKLY ALL
     BECAUSE THEY JUST HID MY LOVE BENEATH THE EARTH
     AND I DON'T KNOW WHERE   I DON'T KNOW WHERE
                      I DON'T KNOW WHERE

MEXICO, 22-8-19

ÍNTIMOS

4681

A Ruth

Para nosotros
es el fin de un sueño
Las primeras gotas han caído
¡Qué fría está
             la lluvia esta noche!
es el fin de mi sueño
                 El último pétalo ha caído
frío sin perfume
                 pero tan duro para mi corazón
Tu boca por última vez
           tu boca

VAMONOS

               gritó el negro inflexible

Y EL NÚMERO 4681 SE LANZÓ EN LA NOCHE
Y TE DEJÉ SOLLOZANTE EN EL ANDÉN
Y TU TAMBIÉN MALDECÍAS AL 4681

               Filadelfia, Agosto de 1920

INTIMATES

4681

For Ruth

For us
it is the end of a dream
The first drops have fallen
How cold is
       the rain tonight!
it is the end of my dream
          The last petal has fallen
cold without perfume
       but so hard for my heart
Your mouth for the last time
          your mouth

LET'S GO

           shouted the inflexible black

AND THE NUMBER 4681 LAUNCHED INTO THE NIGHT
AND I LEFT YOU SOBBING ON THE PLATFORM
AND YOU CURSED 4861 TOO

          Philadelphia, August of 1920

ANTE LA TUMBA DE CARLOS LOZANO

mi pobre amigo,
el gran artista
muerto a la edad de 30 años

Ahora
        todos me dicen que has muerto
                        y la manguera
serpiente de plata dormida sobre el camino rojo
                        Primavera

PERO NO VEO SONREIR AL BURGUÉS EN PANTUFLAS

ni al bravo campesino
cuidar sus rosas alegremente
                        Allá abajo
vibra la ciudad en miniatura
baño de sol tropical
                        Aquí
todo reposa
            silenciosos vecinos
¡AH SÍ! ¡París!
la vida el amor
La lucha por alcanzar la frescura del ARTE
                                    más alto
y cuando reía tu piano
                    con tus caricias
y tu piano lloraba
Todo el día había llovido
pero el poniente prometía ser tan lleno de oro y rojo

            ¡CUANDO SONARON LAS 30!
Ahora
        todos me dicen que has muetro
pero yo sé muy bien que mienten

BEFORE THE TOMB OF CARLOS LOZANO

my poor friend
the great artist
dead at age thirty

Now
      everyone tells me you have died
                      and the hose
like a silver serpent sleeping on the red path
                Spring

BUT I DON'T SEE THE BOURGEOIS LAUGHING IN THEIR SLIPPERS

nor the brave country folks
joyfully guard their roses
              Down below
the city vibrates in miniature
bath of tropical sun
              Here
all rests
      silent neighbors
AH YES! Paris!
life love
The fight to reach the freshness of the highest
                      ART
and when your piano laughed
              with your caress
and your piano cried
All day it had rained
but the west had promised to be filled with gold and red

        WHEN 30 RANG!
Now
      everyone tells me you have died
but I know very well that they are lying

OYE HERMANO

¿Verdad que escuchas mis gritos?
¿Verdad que sientes caer mis lágrimas?
                    a través de la piedra?

México, 1918

Don't you hear my shouting?
Don't you feel my tears fall
                          through the stone?

                                        Mexico, 1918

HAMACA

sudor
caricia fría
      y el   hamaca
         balan   de mi
            céo
mas lentamente
dulce esclava
el tibio aliento
          abanico perfumado
canta sin llorar
          Dinah mi amada
hojas por todas partes
          mezclo a mis sueños
b a j o u n t o l d o d e p a l m e r a s v e r d e s
flores por todas partes
atmósfera cargada de cálidos olores
rosas gardenias
        y tu perezoso cuerpo
¡oh!
     las señoritas se desmayan
        en este jardín demasiado embalsamado
frutas por todas partes
en los árboles
        y tu cuerpo abandonado
Dame mandarinas de oro
plátanos rosados
        y ese mamey tan rojo
o tan tierno
        Arder
bajo la presión de tus gruesos labios rojos
lentamente
        tus párpados violetas
cáen como dos abanicos perfumados

HAMMOCK

sweat
cold caress
     and the   hammock
                 sway   of my
                    ing
more slowly
sweet slave
lukewarm breath
              scented fan
sings without crying
              Dinah my love
leaves everywhere
              I mix my dreams
b e n e a t h   a n   a w n i n g   o f   g r e e n   p a l m s
flowers everywhere
atmosphere charged with warm smells
roses gardenias
        and your sluggish body
oh!
    the young ladies faint
       in this too embalmed garden
fruits everywhere
on the trees
       and your abandoned body
Give me mandarins of gold
rosy plantains
       and that mamey so red
or so tender
       To burn
beneath the pressure of your thick red lips
slowly
     your violet eyelids
fall like two scented fans

Dinah

      tu cuerpo es de ébano caliente
      asoleado como un jardín de África
aprieta   fuerte
      mi negra desnuda
      me   más
           o

México, D. F., 27-5-19

Dinah
        your body is hot ebony
        sunny like an African garden
squeeze   tightly
          my black nude
        me   more
             o

Mexico, D. F., 27-5-19

FARNIENTE

Quería saber el origen de las cosas
Sin embargo los viejos féretros permanecen inmóviles

VIDA

sueño de la muerte
Los vivientes son cadáveres sonámbulos
que
tarde o temprano
se vuelven a acostar

OYE

oye reír a los pájaros entre las hojas
y a los niños entre las yerbas
Lentamente las nubes resbalan
                    a r r i b a   de mi c a b e z a
islas a la deriva sobre el lago soñado
tiernos copos de algodón
para curar mi herida
            pero no llega la enfermera

Y ESTAS IDEAS QUE VAN A REVENTAR MIS SIENES!

Quería saber el fin de las cosas
pero me cerebro ya no cabe
esponja gris que voy a exprimir
                        en mis desesperadas manos
y lo borraré TODO
                        en el gran pizarrón azul

IDLE

I wanted to know the origin of things
Nonetheless the old coffins remained unmoved

LIFE

dream of death
The living are somnambulant cadavers
that
sooner or later
lie back down

LISTEN

listen to the birds laugh among the leaves
and the children between the grass
Slowly the clouds slip
                    o v e r   m y   h e a d
islands adrift in the dreamed-of lake
tender balls of cotton
to cure my wound
            but the nurse does not arrive

AND THESE IDEAS THAT ARE GOING TO BURST MY TEMPLES!

I wanted to know the end of things
but my brain no longer fits
gray sponge that I'm going to wring
                        in my desperate hands
and I will erase it ALL
                    on the great blue chalkboard

II

Acaso el camaleón asoleado tiene más calor que la piedra
Los latidos de me reloj
corazoncito en la bolsa de me chaleco
Toma yerba azucarada
      perezoso animal
Una mosca quizo suicidarse
      en mi boca abierta
y hasta ahora comprendo
      el dolor extremo O Musset
Sólo el artista puede ver al mundo
      sin anteojos
La ciencia nos hará dioses
      pobres hombres rebelados
audaces ladrones del fruto prohibido
¿Comprendéis
      por qué los tiranos guardaban el árbol?
Ningún pájaro sube más alto que el aeroplano
      creación del hombre
y los trasatlánticos son más grandes que las ballenas
      creación de dios
y ya parece que veo to gesto
      o Burgués
cuando nuestras grandes alas geométricas nos lleven
                hacia otros mundos
Pues el pájaro no es libre
sino cuando ha dejado el nido
¿Verdad, buen hombre de orejas de burro
que la víbora merece tener su monumento
           en la Plaza de la Constitución?

México, 1918

II

Perhaps the sunning chameleon is hotter than the stone
The ticks of my watch
tiny heart in my jacket pocket
Drink sugared tea
          lazy animal
A fly wanted to commit suicide
          in my open mouth
and not until now did I understand
          extreme suffering O Musset
Only the artist can see the world
          without eyeglasses
Science will make us gods
          poor rebellious men
audacious thieves of the forbidden fruit
Do you understand
          why the tyrants guarded the tree?
No bird rises higher than the aeroplane
          man's creation
and the transatlantics are bigger than whales
          god's creation
and now it seems I see your face
          oh Bourgeois
when our great geometric wings carry us
                              toward other worlds
Well the bird is not free
except when it's left the nest
Is it true, good man with donkey ears
that the viper deserves to have its monument
                    on the Plaza de la Constitución?

Mexico, 1918

73

FLIRT

Esta aurora sobre tu dedo
Mira el ópalo que te ofrezco
Es tan pálido que morirá
lágrima mía
caída
sobre tu mano blanca
La nave se desliza sobre un mar color de cielo
y yo soy un sultán que sueña
sobre la espalda de un grande elefante blanco
El océano respira tranquilamente
Es la marcha lenta del mundo
La nave se deslizaba
dejando nubes de color
detrás de ella
la nave se deslizaba
y su chimenéa divina tejía nubes
y esas nubes
se volvían sueños
La hostia roja sobre el horizonte azul
Dios mío
apuraré el cáliz hasta las heces
Mis brazos ya no tienen fuerza para elevarlo
Padre
¿por qué me habéis abandonado?
Para escuchar mejor mi lamento
hubo un pescado azul que brincó del agua
aquella noche
La nave aulló como un recuerdo maldito
y siguió su camino
dejando nubes negras
trás ella

En el mar, 20-8-19

74

FLIRT

This aurora over your finger
                       Look at the opal I'm offering you
                       It is so pale it will die
my tear
       fallen
over your white hand
The ship slides over a sky-colored sea
and I am a dreaming sultan
on the back of a great white elephant
The ocean breathes calmly
                          It's the slow march of the world
The ship slid away
leaving clouds of color
                in its wake
the ship slid away
and its divine chimney weaved clouds
and those clouds
              turned to dreams
The red host over the blue horizon
My god
       I will drink the chalice to the dregs
My arms are no longer strong enough to lift it
Father
           why have you forsaken me?
To better hear my lament
there was a blue fish that leaped from the water
                             that night
The ship howled like a cursed memory
                   and continued on its way
leaving black clouds
           in its wake

                          On the sea, 20-8-19

EN EL ACANTILADO

¿Que pasa?
en un cielo gris

    Pesadez
La tierra húmeda

     O mi amante salida del baño
     Calor
Sin sol

    La brisa trae un poco de playa
       a ni nariz
Penoso vuelo de pájaros
y mi corazón con alas muy torpes

    acaba de caer en el lodo
En esta mañana no te he visto

    con tus luminosos cabellos
      y tus ojos

         México, 1920

ON THE CLIFF

What's happening?
in a gray sky
           Heaviness
The moist earth
           Or my lover after bathing
           Heat
No sun
        The breeze brings a little beach
                to my nose
Laborious flight of birds
and my heart with very clumsy wings
        winds up falling in the mud
On this morning I have not seen you
          with your luminous hair
            and your eyes

Mexico, 1920

DOMINGO

A mis burgueses tan amados

Aniversario de todos los trajes nuevos
TODOSANTOS burguesa
     "Mexicanos al grito de guerra"
El sol brilla cual casco de bombero
y los pájaros y las campanas charlan
como viejas comadres
El señor comisario plancha su mejor pantalón
Comencemos por ir a comulgar
     después nos lavaremos los pies

ES DOMINGO

     Hoy   te amaré
Se ha puesto el cielo su bonito traje azul
y so monóculo de oro
Las solteronas irán a gozar al cine
Y hasta la sucia mano del obrero cojerá rosas
     en los jardines municiplaes
La chica de rojas carnes
muestra con gusto su pantorrilla de seda negra
y la blancura de sus calzones
en los jardines municipales

ES DOMINGO

SUNDAY

To my oh so beloved bourgeois

Anniversary of all the new suits
bourgeois TODOSANTOS
      "Mexicanos al grito de guerra"
The sun shines like a fireman's helmet
and the birds and the bells gossip
like old neighbors
The commissioner irons his best trousers
We begin by going to take communion
      then we will wash our feet

IT IS SUNDAY

      Today   I will love you
The sky has put on its pretty blue suit
and its gold monocle
The spinsters will go out to enjoy the movies
And even the worker's dirty hand will gather roses
      in the municipal gardens
The girl with red flesh
shows the black silk of her calves
and the white of her knickers
      in the municipal gardens

IT IS SUNDAY

Un profesor ha muerto
estrangulado por su cuello
El mundo entero rechina como zapato nuevo

ERA DOMINGO

cuando nació el primer burgués

México, 13-8-19

A professor has died
strangled by his neck
The entire world squeaks like new shoes

IT WAS SUNDAY

when the first bourgeois was born

Mexico, 13-8-19

NADA

Nada
     Tedio
Acabo de sentir el dolor
       y la belleza
Beethoven sufre como un HOMBRE
Chopin LLORA
         y yo

AÚLLO
       aúllo como una fiera herida
Y el cielo opaco me responde con un gruñido
que rompe el silencio absoluto de mi ser
como un fuego artificial que sube
                 en la NOCHE
Nada
    Tedio
Cristal helado sobre mi frente caliente
Mis ojos grises velados de lágrimas miran
                  miran
Mi ventana triste contempla el cielo gris
                que se aburre
y penetra en mi alma por mis ojos que sueñan
                  abiertos
y por mi boca que se contrae en un sollozo
al murmurar tu nombre
         tu numbre   aborrecido
Nada
    Tedio

NOTHING

Nothing
        Tedium
I just felt pain
        and beauty
Beethoven suffers like a MAN
Chopin CRIES
        and I

I HOWL
        I howl like a fierce wound
And the opaque sky responds to me with a growl
that breaks the absolute silence of my being
like a firework that rises
        in the NIGHT
Nothing
        Tedium
Frosted glass over my hot face
My gray eyes veiled in tears look
        look
My sad window contemplates the gray sky
        that grows bored
and penetrates my soul through my eyes that dream
        awake
and through my mouth that contracts in a sob
at muttering your name
        your name   abhorred
Nothing
        Tedium

GUILLERMO APOLLINAIRE HA MUERTO

GUILLERMO APOLLINAIRE HA MUERTO
Guillermo Apollinaire ha muerto
   bien muerto está
   mi gran poeta asesinado
Dios celoso de ese cerebro creador de mundos
hizo perforar el cráneo de su rival
pero por la herida sangrienta
ninguno de sus sueños escapó

     Entonces
      Dios
        lo asesinó
          Oh mi poeta
            subido tan alto
              que hasta al cielo
                LLEGÓ

Guillermo Apollinaire ha muerto
Pequeña línea sobre la última página de un diario
¿No escucháis los gritos de los jóvenes
que hacen temblar a los templos?

HA MUERTO APOLINAIRE
          Guillermo!

Y los gatos maúllan
Y también las ratas
Y los gendarmes
Y mi corazón
   también

EEUH! EEUH! EEUH!

D O L O O R

GUILLERMO APOLLINAIRE HAS DIED

GUILLERMO APOLLINAIRE HAS DIED
Guillermo Apollinaire has died
    he's very dead
    my great poet murdered
God jealous of that brain creator of worlds
drilled a hole in his rival's skull
but none of his dreams escaped
through the bleeding wound

      So
        God
           murdered him
                Oh my poet
                    lifted so high
                        as up to the heavens
                            ARRIVED

Guillermo Apollinaire has died
Small line on a newspaper's last page
Do you not hear the shouts of the youth
that make the temples tremble?

APOLINAIRE HAS DIED
                Guillermo!

And the cats meow
And the rats
And the policemen
And my heart
    as well

EEUH! EEUH! EEUH!

P A I I N

Llorad Lloronas
Empapad de lágrimas su cadáver luminoso
Y vosotros clarines
desgarrad los ponientes sangrientos
Y vosotros poetas hermanos míos
descubrid vuestras cabelleras agitadas
                              por el viento fresco
Porque ha muerto en la VICTORIA
        mi gran poeta
        asesinado

                                        París, 12-12-18

Weep weepers
Drench his luminous cadaver in your tears
And you bugles
tear into the bloody west winds
And you poets my brothers
discover your tresses agitated
                              by the fresh wind
Because he has died in VICTORY
       my great poet
       murdered

Paris, 12-12-18

INVITACIÓN

¡Venid a visitar el jardín de mi alma
ávidos de belleza
niños ojerosos!
                    ¡Venid!
Los autos locos en el Camino se persiguen
                    ¡Venid!
Las flores acaban de ser pintadas
AQUÍ TODO ES LUZ
Hay frutos en cada rama
perfume en cada naranja
y los labios maduros esperan a los besos
Después treparemos a los árboles
para ver la planicie
y nos hundiremos en el río claro
tan fresco
MAS SI LA NOCHE LLEGA
                    iremos
                              de estrella en estrella
cometas   astros errantes
huyendo del jardín ridículamente teñido por la luna
Y desde allá arriba
                    oiremos pasar
la sollozante precesión de los HOMBRES TRISTES
¡pues aún hay hombres que lloran a la luna
en este año de mil novecientos veintiuno!

México, 2-1-21

INVITATION

Come to see the garden of my soul
you covetous for beauty
haggard children!
           Come!
The crazy autos on the Path are being chased
           Come!
The flowers have just been painted
HERE EVERYTHING IS LIGHT
There are fruits on every branch
perfume in each orange
and ripe lips await kisses
Then we'll climb the trees
to see the plain
and we will sink into the clear river
so cool
AND IF THE NIGHT ARRIVES
                we will go

                        from star to star
comets   errant stars
fleeing the garden ridiculously woven by the moon
And from up there above
                we will hear
the sobbing procession of SAD MEN pass by
There are still men who cry to the moon
In this year of nineteen twenty-one!

Mexico, 2-1-21

LLUVIA

Burbujitas que estallan
                    en el mojado asfalto
Resbaló un caballo
                    Abramos
La lluvia toca a mi ventana
Hay lágrimas de nube en la punta de cada hoja
y gotitas de leche en la punta de tus uñas rosa

```
L    C    S    S    S
A    O    O    I    O
G    N    B    E    B
R    H    R    N    R
I    A    E    T    E
M    S    L    O    M
A    T    A    C    I          S C H T!
S    I    S    O    C            es
E    O    V    R    O               cu
N    R    I    R    R                  chad
T    E    D    E    A       e l   s i l e n c i o
U    S    R    R    Z
C    B    I    L    Ó
A    A    E    A    N
R    L    R    L    M
A    A    A    L    O
     E    S    U    J
     L    G    V    A
     A    R    I    D
     G    I    A    O
     U    S
     A    E
          S
```

90

RAIN

Tiny bubbles that burst
                    on the wet asphalt
A horse slipped
               We open up
The rain touches my window
There are cloud tears on the tip of each leaf
and tiny drops of milk on the tips of your pink nails

T	T	D	I	D		
E	H	O	F	O		
A	E	W	E	W		
R	W	N	E	N		
S	A	T	L	M		
O	T	H	T	Y		
N	E	E	H	W	S H H H!	
Y	R	G	E	E	ha	
O	W	R	R	T	rk	
U	E	A	A	H	the silence	
R	A	Y	I	E		
F	R	S	N	A		
A	I	H	R	R		
C	L	O	U	T		
E	Y	P	N			
	S	W				
	L	I				
	I	N				
	D	D				
	E	O				
	S	W				
		S				

Tu cabeza de niño
La frescura de tus labios
y tus ojos grises perdidos en los cabellos
Resbala el agua en los alambres del teléfono
Notas incoloras sobre las líneas negras
    A veces caen
y tu dedo queda prendido
    a la tecla
YA NO SÉ SI ES TU VOZ O EL CANTAR DE LAS NUBES

            México, 10-17

Your head like a child's
The coolness of your lips
and your gray eyes lost in your hair
The water slides down the telephone wires
Colorless notes over the black lines
      Sometimes they fall
and your finger remains pressed
      on the key
I NO LONGER KNOW IF IT'S YOUR VOICE
          OR THE SINGING OF THE CLOUDS

Mexico, 10-17

BOHEMIA

Va a nevar esta noche
Mendigos y perros mueren
en las calles negras
   Niña perdida
mi cuarto está cerca
En las esquinas
brillan puñales
como lenguas de invisibles serpientes
Mira allá arriba
    mi mansarda encendida
Luna
naranja que podrás probar
     El calentador eléctrico
es una rosa encendida cerca de mi cama
Tus dos senos se estremecerán en mis manos
como dos pájaros tiritando de frío
y te hablaré de países oro y azul
mientas tomes té caliente
     en tazas perfumadas

PERO EL OTRO PASÓ EN SU AUTOMÓVIL
Y NO ME QUEDÓ MÁS QUE TU RISA
Y LA DEL AUTO

         México, 10-8-19

BOHEMIA

It is going to snow tonight
Beggars and dogs die
on the black streets
        Lost girl
my room is nearby
On the corners
daggers shine
like the tongues of invisible snakes
Look up there
            my lit attic
Moon
an orange you can taste
                The electric heater
is a lit rose beside my bed
Your two breasts will tremble in my hands
like two birds shivering with cold
and I will tell you about countries gold and blue
while you drink hot tea
                    from perfumed cups

BUT THE OTHER PASSED BY IN HIS AUTOMOBILE
AND NOTHING WAS LEFT FOR ME BUT YOUR LAUGH
AND THE AUTO'S

Mexico, 10-8-19

ESCUCHÁNDOTE

Pobre artista
las notas lloran en mi corazón empapado
bajo la lluvia dolorosa
          Lucha de sensibilidad
Tus huesosas manos golpean al piano vibrante de rabia
El insensato obedece   ¡ V i c t o r i a !
Las notas son luminosas como clarines
Rayos de sol
         sobre mi alma
¡BRAVO!
bello luchador tuberculoso
Llénalo de golpes
y fija bien sus dos turbios ojos
Las notas lloran en mi corazón
mientras tú acaricias dulcemente sus largos dedos   tan pálidos
                                como los tuyos
¡Ánimo!
Después enjugaré el sudor frío de tu frente
Pero sobre todo
pisa bien sus patas metálicas
PUES YA TIENE ABIERTA EL ALA
mariposa negra que canta
               la muerte

México, 14-3-19

LISTENING TO YOU

Poor artist
the notes cry on my drenched heart
beneath the painful rain
                    Struggle of sensibility
Your boney hands beat the piano vibrating with rage
The fool obeys   V i c t o r y !
The notes are luminous like clarions
Rays of sun
            over my soul
BRAVO!
beautiful tuberculous fighter
Fill it with blows
and fix well its two cloudy eyes
The notes cry on my heart
While you sweetly caress its long fingers   so pale
                                    like yours

Come on!
Later I will wipe the cold sweat from your brow
But above all
step firmly on its metallic paws
SINCE ITS WING IS ALREADY OPEN
black butterfly that sings
                    death

                                    Mexico, 14-3-19

PÁJAROS DE INVIERNO

Pronto   pronto ¡CALLAOS PÁJAROS DE INVIERNO!
¡CALLAOS!
            pájaros de invierno
¿Por qué hacéis llorar a mi corazón?
                        Por qué
Si supiérais todo lo que vuestra voz maldita
                        despierta en mí
Sol   praderas   riachuelos
y el azul primaveral de tus ojos
Pronto   pronto ¡CALLAOS PÁJAROS DE INVIERNO!
Quiero volver a la vida

México, 11-2-20

BIRDS OF WINTER

Soon   soon   SILENT, BIRDS OF WINTER!
SILENT!
        birds of winter
Why do you make my heart cry?
                            Why
If you knew all that your damned voice
                            awakens in me
Sun   prairies   brooks
and the springtime blue of your eyes
Soon   soon   SILENT, BIRDS OF WINTER!
I want to return to life

                                    Mexico, 11-2-20

FERROCARRIL

Traga
 traga viento
   joven sin vida
Los rieles
se me entran por los ojos
Traga
  sin vida
    y sin tiempo de mirar
hacia atrás
   ¡APRISA!
     siempre más aprisa
¡SI TÚ SUPIERAS LO CONTENTOS QUE ESTÁN TUS CABELLOS!

          México

RAILROAD

Swallow
    swallow the wind
        lifeless youth
The rails
enter me through my eyes
Swallow
    lifeless
        and without time to look
back
    SWIFTLY!
        always more swiftly
IF YOU KNEW HOW CONTENT YOUR HAIRS ARE!

        Mexico

MEDIODÍA

El grito de las fábricas
y la luz de las campanas

MEDIODÍA

sudor oro del sol
en el calor azul

ES MEDIODÍA

dicen los blancos trasatlánticos a los mares azules
Ved mis músculos en toda su fuerza

Tan pesada está la atmósfera
que las hojas se desprenden
                y reposan
entre la rama y el suelo
No hay más que un aeroplano zumbando
arriba del hangar
Es una abeja cargada de oro
que regresa a la colmena

MEDIODÍA

¿Sientes la quemadura de mi boca?
Es preciso abandonarse dulcemente
                          chiquitita
La hora ha llegado

MIDDAY

The shout of the factories
and the light of the bells

MIDDAY

Gold sweat of the sun
in the blue heat

IT'S MIDDAY

say the white transatlantics to the blue seas
See my muscles in all their power

The atmosphere is so heavy
that the leaves fall off
        and rest
between branch and soil
There is nothing more than an aeroplane buzzing
over the hangar
It's a bee charged with gold
that returns to the hive

MIDDAY

Do you feel the burn in my mouth?
It is necessary to abandon yourself sweetly
                          chiquitita
The hour has arrived

COMAMOS

Las rosas están abiertas
y las frutas maduras
Déjame probar tu cuerpo
Fruto virgen dorado por el sol
        En mis brazos
ya no temerás a los perros que ladran
Tú también sientes el calor del mundo

MEDIODÍA

Tengo las venas llenas de sol
Tus párpados son demasiado pesados
y tus ojos mucho muy azules
Es preciso que te abandones dulcemente
                    chiquitita
MEDIODÍA
Después vendrá la noche

México, 7-7-19

LET'S EAT

The roses are open
and the fruits are ripe
Let me taste your body
Virgin fruit gilded by the sun
          In my arms
you'll no longer fear the dogs that bark
You also feel the world's heat

MIDDAY

My veins are filled with sun
Your eyelids are too heavy
and your eyes very much blue
It is necessary that you abandon yourself sweetly
                              chiquitita
MIDDAY
Later night will come

Mexico, 7-7-19

LA PULGA

A una amante
infiel y tonta

Va sobre la carne irritada
dejando manchas rojas

                    tras

ella

                                    salta

de sitio

                    en sitio

ráscate

                                    pies

Muslos

                    detrás

   pero si algún día te atreves a picar mi corazón
te aplastaré entre mis dedos

MALDITA HIJA DE MI SANGRE

                    París, 19-3-18

THE FLEA

To a lover
dumb and unfaithful

Leaves red stains
on the irritated flesh

behind

her

she jumps

from place

to place

scratch yourself

feet

Thighs

behind

but if you one day dare to bite my heart
I will crush you between my fingers

CURSED DAUGHTER OF MY BLOOD

Paris, 19-3-18

SUFRIMIENTO

Había lagos de cielo claro
entre nubes oro y rosa
¡Y cómo hacía calor!
Entre los rayos verdes del crepúsculo
danzaba el polvo
Y mi corazón infantil danzaba también
entre nubes oro y rosa
y largos claros de cielo azul

¿Pero qué habré yo hecho dios mío?

AMIGO MÍO TODO HA TERMINADO

Sólo vosotras
locomotoras ululantes
podéis comprender mi pena
Oh cómo me duele ¡Cómo me duele!
Y no hay medio de volverse idiota
        p a r a   o l v i d a r
Era preciso que el poniente fuese pintado
con mi sangre
y que un gran lirio rojo se abriera al dolor
dentro de mi pecho
El polvo de oro sigue bailando
al son de risas y de besos de un mundo alegre
Pero escuchadme por favor
¿No estáis oyéndome llorar

BOLA DE SORDOS Y DE IMBÉCILES?

México, 11-4-19

SUFFERING

There were lakes of clear sky
between pink and gold clouds
And how hot it was!
Among the green rays of twilight
danced the dust
And my childish heart danced too
between pink and gold clouds
and clear lakes of blue sky

But what could I have done my god?

MY FRIEND EVERYTHING IS OVER

Only you
ululating locomotives
can understand my pain
Oh how it pains me How it pains me!
And there's no way to go back to being an idiot
             t o   f o r g e t
It was necessary for the west to be painted
with my blood
and for a great iris to be opened up to the pain
inside my chest
The dust of gold continues dancing
to the sound of the laughter and kisses of a joyful world
But listen to me please
Are you not hearing me cry

CLUMP OF DEAFS AND IMBECILES?

Mexico, 11-4-19

LA TRISTEZA DEL GIGANTE

Torre Eiffel
o hija mía
    el corazón
acaba de romperse contra me pecho
y mis arterias se hinchan como ríos coléricos

Sentado sobre el Popocatépetl
    con la frente bañada de aire puro
las nubes reposan sobre la lluvia
y mi cabeza sobre las nubes
mesas de mármol morado y negro
                ¡Qué solo estoy
                en el CAFÉ DE LA SERENIDAD!

Abandonada
la montaña solloza como mujer en cinta
y en vano dos confetis cáen
constantemente
                uno trás otro
L a k e r m e s s   sol y luna
    e s t á m u e r t a   plata y oro
Hay volcanes
naciendo en el mar
¡pero son helados de vainilla
    en jarabe azul!
SUFRO ¿quién podría matarme?

THE GIANT'S SADNESS

Eiffel Tower
oh daughter of mine
     my heart
just broke against my chest
and my arteries swell like furious rivers

Seated on Popocatépetl
     with her face bathed in pure air
the clouds rest over the rain
and my head over the clouds
tables made of black and purple marble
         How lonely I am
         at the SERENITY CAFÉ!

Abandoned
the mountain sobs like a pregnant woman
and in vain two pieces of confetti fall
constantly
         one after the other
T h e k e r m e s s   sun and moon
    i s d e a d   silver and gold
There are volcanoes
being born in the sea
but they are vanilla ice cream
    in blue syrup!
I SUFFER who could kill me?

Mi cara está húmeda
y óigo a las olas blanquear las rocas
Mi cabeza sigue obsesionada
                    con las sacudidas de las alas negras
Dos riachuelos brotan de sus ojos verdes
¡Y SI ESTO SIGUE ME DESPLOMARÉ SOBRE EL MUNDO!

Así lloraba el gigante
al ver allá abajo

                        ¡tan pequeños a los hombres!

                                    México, 3-8-19

My face is moist
and I hear the waves bleach the rocks
My head is still obsessed
                with the tremors of the black wings
Two streams bloom from her green eyes
AND IF THIS GOES ON I WILL COLLAPSE OVER THE WORLD!

So cried the giant
at seeing down there below
                all the men so small!

                        Mexico, 3-8-19

EL HOMBRE TIRADO EN LA CALLE

Me puse mis anteojos negros
y también mi corbata negra
hoy
Haced callar a ese piano que aún se hace el chistoso
Por qué no me arrancas el corazón
                              de un solo golpe

Dolor   BESTIA COCHINA
oh mi amante celosa

Así hablaba el hombre tirado en la calle
Los tranvías
los autos   pasaban sobre su cuerpo
los peatones
Y la chiquilla seguía estudiando su piano

HOY
SOY UN HOMBRE TIRADO EN LA CALLE

                                        Filadelfia, 1919

THE MAN LYING IN THE STREET

I put on my black eyeglasses
and also my black tie
today
Shut up this piano that still plays the jokester
Why don't you tear out my heart
                                   with a single blow

Pain   FILTHY BEAST
oh my jealous love

So spoke the man lying in the street
The trolleys
the autos   passed over his body
the pedestrians
And the little girl continued practicing her piano

TODAY
I AM A MAN LYING IN THE STREET

                              Philadelphia, 1919

POPOCATÉPETL

Con tu crencha de nubes
te amo a la distancia
        o volcán mío
En el crepúsculo
        se enciende tu crésta rota
chancro sifilítico
        que cauteriza la noche
y acostado boca arriba
pasas tus días contemplando
        a las nubes
        y en la noche
cuentas las estrellas

        ¡TÚ ERES EL MÁS ALTO!

Nido de águilas negras
y de los ojos tristes
dulce asilo de los astros que caen
como las lágrimas
        de los ojos tristes
Descansaré mi ardorosa cabeza
sobre tu seno blanco
        helado
cuando todo se extinga
en el cielo pálido
como un ópalo pálido
tu azul humareda subirá en espirales
suave incensiario
terrestre ofrenda
        al ópalo pálido
del cielo que muere

        México, abril 28 de 1919

POPOCATÉPETL

With your part of clouds
I love you at a distance
                          oh volcano of mine
In the twilight
                your broken crest lights up
syphilitic chancre
                    cauterized by the night
and lying face up
you pass your days contemplating
                                the clouds
                                and at night
you count the stars

                YOU ARE THE HIGHEST!

Nest for black eagles
and sad eyes
sweet asylum for the stars that fall
like tears
        from sad eyes
I will lay my restless head
over your white
            frozen breast
when everything is extinguished
in the pale sky
like a pale opal
your blue cloud of smoke will rise in spirals
smooth incensory
terrestrial offering
                    to the the pale opal
of the dying sky

                                Mexico, April 28 of 1919

EL CAMINANTE

Las seis
El vaho azul del estiércol sueña
sobre los campos abandonados
Un hombre con su pipa camina
cantando entre los fresales húmedos
Pues ha llovido todo el día
                en este poblacho que no conocía

El cielo es la frente rosa de la niña sosegada
Seis lágrimas de oro cáen sobre los trigos
y siento latir el corazón del mundo
                en este poblacho que no conocía
¡TOMA MIS MANOS! abiertas como lirios
y también
¡TOMA MIS LABIOS!
niña de las pomas rojas bajo el corpiño
He caminado tanto
que mis zapatos pesan de lodo
Pero mi corazón está lleno de alegría
y mis pulmones de aire puro
También llevo higos frescos y pan blanco
                en las bolsas
Comienza a obscurecer y soy un extraño
                niña
                ABRE TO PUERTA
Te contaré la dulzura de las noches de mi tierra

México, 19

THE RAMBLER

Six.
Blue steam emitted from dung
dreams above the abandoned fields
A man with pipe walks by
singing amid fields of strawberry
Well, it's rained all day
           in this crummy town I never knew

The sky is the pink forehead of the peaceful girl
Six golden tears fall on the wheat
and I feel the world's heart beating
                in this crummy town I never knew
TAKE MY HANDS! spread open like lilies and
TAKE MY LIPS!
as well
girl of red apples hid beneath her bodice
I've rambled for so long
that my shoes weigh heavy with mud
But joy buoys my heart
and my lungs fill with crisp air
I'm also carrying figs and white bread
           in my pockets
It's starting to get dark and I'm a stranger
               girl
        OPEN YOUR DOOR
and I'll tell you about the sweet nights of my homeland.

                             Mexico, 19

EL JOVEN DE LA PYJAMA AZUL

Tu cielo se ha obscurecido
        niño melancólico
Mi cielo
        pesado como mis párpados
Al ritmo negro
de este fox-trot sentimental
        pasea tu desencanto
joven de la pijama azul
        Esta noche
tu cuarto lleno de humo
es una nube perfumada
que flota hoy
        sobre una sucia calle de Filadelfia
¿Hasta cuándo volverás a flotar
sobre la linda planicie mejicana?
Nube encendida
        sobre una sucia calle de Filadelfia
Habían ojos de mujer y blondas caballeras
en mi sueño
        Mi sueño se deshizo en lágrimas de cristal
Vé ahora por el mundo
        atropellado por una manada de bestias
Y si por desgracia te vuelves a entristecer
        NO LLORES MÁS
Deja sólo correr lágrimas frías
sobre tu faz inalterable

Filadelfia, Abril 10-19

BOY IN BLUE PAJAMAS

Your sky has darkened
        melancholy boy
My sky
        heavy as my eyelids
To the black rhythm
of a sappy fox-trot
        your heartache is paraded
boy in blue pajamas
        Tonight
your smoke-webbed room's
a perfumed cloud
that now floats
        over a filthy Philadelphia street
When will you resume floating
across the pretty Mexican plain
Cloud aflame
        over a filthy Philadelphia street
The eyes of women and blonde tresses
were in my dream
        My dream came apart in crystal tears
Go forth into the world
        trampled by a herd of beasts
And if by bad luck you feel blue again
        WEEP NO MORE
Let only cold tears run
over your immutable visage

                              Philadelphia, April 10-19

TERESITA

Aleteos blancos
Copos de nieve
Tórtola que se agita
Teresita
es una rosa que deshoja el aire azul

Washington, D.C., Enero 1923

LIL'TERESA

White wings flapping
Snowflakes
Turtledove flitting
Lil'Teresa:
A rose whose petals the blue air plucks

Washington, D.C., January 1923

FOX-TROT

a Genaro Estrada.

El mundo bolcheviki es un rubí
      puesto sobre la noche diciembre
Y la mariposa de oro toca en mi vidriera encendida
      porque negras están las calles abandonadas
Tu cabezota está llena de cantos
      de pájaros geométricos Genaro
y tus ojos son muy otros
      tras de tus anteojos
Tal vez tengas razón
      y sea el alma sencilla cual dibujo cubista
Hay dos o tres estrellas que pican a la noche
      pulgas de oro en el muslo de una negra
Alarga más tu bracito gordiflón
      y las alcanzarás
Todos creen en la Luna
      pero tú bien sabes que es el agujero
de un fuerte obús de la gran guerra
      y en castigo
TU CUERPO TOMÓ LA FORMA DE UN OFICIAL DE ARTILLERÍA
que ríe
      El mundo entre las manos
toma tu postrer vuelo
      para dar la patada definitiva
y quedarás con la cabeza al aire
      esperando a la pelota que no ha de volver más
¡Carcajada!
      campeón futbolista del team de la VIDA

México, 12-28-21

FOX-TROT

to Genaro Estrada

The Bolshevik world's a ruby
        inlayed on this December night
And the golden butterfly knocks at my lit window
        because the empty streets are black
Genaro, your giant head swarms with the chirping
        of geometric birds
and your eyes are like another's
        when seen from behind reading glasses
Perhaps you're correct
        the soul may be as simple as a Cubist sketch
There are two or three stars biting the night like
        golden fleas in a black woman's crotch
Stretch your chubby arm
        and you'll reach out and touch her
Everyone believes in the Moon
        but you know very well that it's the hole
left by a howitzer from the Great War
        and as punishment
YOUR BODY TOOK ON THE SHAPE OF AN ARTILLERY OFFICER
who laughs
        The world holds your heinie
between its hands
        in order to deliver the definitive dropkick
and you'll remain with head midair
        waiting for the ball that must never return
Cackles!
        Champion soccer player from the LIFE team

                                        Mexico, 12-28-21

125

JAULA ROTA

Naturaleza muerta

la vida de siempre en las calles
canto de autos de tranvías de gentes
encontrar a veces labios rojos
o bien ojos buscadores de amor
calor de verano
bajo las enaguas de las muchachas
cielo azul
amar besar réir
a las frutas calientes de sol
y suavemente aburrirse en este mundillo burgués
comer beber dormir
en el aire lleno de microbios
por eso mi corazón partir muy lejos muy lejos muy lejos
nacer para volver a morir
sobre tus senos calientes
como dos tazas de café con leche
de me desayuno tempranero

EL PÁJARO ROMPIÓ SU JAULA Y SE ECHÓ A VOLAR

México, 12-28-21

BROKEN CAGE

Still life

same life as usual in the streets
music of automobiles of streetcars of the crowds
at times to alight on red lips
or eyes like heat-seekers of love
summer weather
beneath the petticoats of girls
blue sky
to love to kiss and to laugh
at the hot sun-fruit
and to calmly become bored in this little bourgeois world
to eat to drink to sleep
in the air clotted with microbes
and for my heart to depart for somewhere far, far away
to be born in order to die again while
atop your hot breasts
like two cups of café au lait
for my early morning breakfast

THE BIRD BROKE HIS CAGE AND FLEW AWAY

Mexico, 12-28-21

NO PISÉIS LAS VIOLETAS DEL BOSQUE

Pasan los tranvías cantando
Junto a la banqueta de mi calle
corre el río MELANCOLÍA
                              Un jazz-band
hace bailar a mi corazón ebrio
                              de amor y de dolor
Cierto es que todas tienen faldas
y piernas
              como las tuyas
Pero no hay como las húmedas violetas
del bosque de mi melancolía
¡o h!
       ese color de tus ojos
                              enojos
del cielo celoso que lloró todo el día
y en la noche
tu alma brilla
              entre las estrellas
húmedas violetas del bosque de mi melancolía
Todos tocan la carne tierna de tus senos
Todos sienten las quemaduras de tu boca
                              PERO
¡o h!
       ese color de tu alma
                              ellos nunca lo vieron
IMBÉCILES

128

DON'T STEP ON THE FOREST VIOLETS

The streetcars pass by singing
Alongside my street's sidewalk
flows the river MELANCHOLY
                        A jazz band
makes my love-drunk
                        and ache-drunk heart dance
There's no denying that they all have skirts
and legs
        like yours
But there are no moist violets
from the forest of my melancholy
O h!
        that color of your eyes
                        upset
with the jealous sky that wept all day
and by night
your soul sparkles
        among the stars
moist violets from the forest of my melancholy
Everyone touches the soft flesh of your breasts
Everyone feels the burn of your mouth
                        YET
O h!
        that color of your soul
                        no one saw it
IMBECILES

sin embargo lloro
porque voló el pájaro al ruido de sus besos
y como no había ramas en la tierra
el pobrecillo tuvo que irse muy alto muy lejos
Pues no encontró árboles en esta tierra
                              tu alma
que antaño cantara la primavera
en el manzano florido de mi amor

México, 1-21-22

        still I weep
because the bird flew off startled by the sound of your kisses
and as there were no branches on Earth
the poor little thing had to go way up and far away
for he couldn't find trees in this land
                        your soul
that once sang of spring
from the florid apple tree of my love

                                      Mexico, 1-21-22

PLAYA

Mira las piedras que he cogido
                              para tí
pequeñas
redondas
transparentes
húmedas
Sobre la arena
        el agua
                  las puso
        y se fué
dejándolas ahí
Zafiros
esmeraldas
rubíes
La Princesa debió pasar llorosa
por la playa florida
Pón en tu boquita
estos bombones de agua salada
                              Después
escúpelos
con tu risa
        sobre la arena llena de sol
Y ahora
        déjame probar to boca
        húmeda de besos y de agua de mar
Sobre la playa húmeda aún
cogí para tí
estas flores olvidadas.

México, 9-20

BEACH

Look at the stones that I gathered
                                     for you
small
round
transparent
moist
On the sand
        the water
                 placed them there
        and departed
leaving them lodged there
Sapphires
emeralds
rubies
The Princess must have walked along
the florid beach weeping
Put those gems of saltwater
in your tiny mouth
                 Then
let your laughter
spit them
            across the sundrenched sand
And now
        let me taste your mouth
        moist with kisses and seawater
Upon the still-moist sand
for you
I picked these
forgotten flowers

Mexico, 9-20

LOS VIEJOS

tienen los cabellos rubios
y un corazón hecho pedazos

Las horas descienden sobre los prados
en copos de nieve
en lluvias grises
en rayos de sol
    Un pájaro se aburre
en este cielo demasiado azul
        HAY QUE SABER VIVIR
dicen maliciosamente los viejos
        Todos los pájaros cantan
la monotonía
        Las cabezas emblanquecen
y los árboles
        que primavera enflora
  Es mediodía
        en el campo
los caballos los bueyes los borregos
besan respetuosamente las tiernas yerbas
porque la custodia está todo radiante de oro
                    allá arriba
y todas las esquilas dicen ¡INCLINAD LAS CABEZAS!
inclinad las cabezas
        campanillas de oro
de la elevación
        HAY QUE SABER VIVIR
dicen maliciosamente los viejos
    los pobres viejos de veinte años
que se van gimiendo
por calles y campos

OLD MEN

they have blond hair
and a heart turned to smithereens

The hours descend on the meadows
in snowflakes
in gray rainfall
in sunshine
    A bird becomes bored
in that too-blue sky
        ONE MUST KNOW HOW TO LIVE
the old men spitefully claim
        All of the birds sing
of monotony
        The heads turn white
as well as the trees
        that Spring blossoms
    Noon
        in the countryside
horses oxen sheep
respectfully kiss the tender herbage
because the keeper glows all golden
                way up there
and all of the bellflowers say: LOWER YOUR HEADS!
lower your heads
        small bells of gold
from great heights
        ONE MUST KNOW HOW TO LIVE
the old men spitefully claim
    the poor old men twenty years old
who go groaning and moaning
through the streets and fields

Orgullosos de haber sufrido tanto
os muestran gentilmente los pedazos rojos
de sus corazones rotos
      aún mojados de dolor
¡Pobres viejecitos de veinte años!
La ola se destroza contra la roca rosa
en un suspiro azul
           la ola amarga
                    del pesar
de los viejecitos de veinte años
que viven
      en un suspiro

México, 1-26-22

Proud of having suffered much
they kindly show you the shards
of their shattered hearts
      still wet with pain
Poor old men twenty years old!
The wave shatters against the pink rock
in a blue sigh
           the bitter wave
                    the grief
of the lil' old men twenty years old
who live
      in a sigh

                                  Mexico, 1-26-22

1922

En sus puertos
los trasatlánticos tienen mugidos de bueyes
y las fábricas
    en las ciudades
¡19-22! ¡Bueno!
No contesta la señorita del teléfono
¡y yo que tanta prisa tengo de charlar conmigo
        porvenir!
Como no tengo candil ni comedor
tuve que adornar de escarcha y heno blanco
mi corazón
     Larga es la lectura de las páginas
y voy apenas en la 1922
Pero me queda tu recuerdo
Ruth
   perfume de mi libro
violeta de los bosques
marchita entre las páginas leídas
Tengo miedo de llegar al FIN
       Ese zumbido de motores
        esta noche
Son los aviones que se van
      a las estrellas
Portadoras de la buena nueva

     1922
Tú Rusia
roja bajo la nieve
sigues siendo la estrella de los reyes magos
hacia la cual nos dirigimos
    Negra
como los ojos de tus mujeres
    Roja
como el corazón de tus hombres

1922

In their ports
the transatlantic steamers are oxen lowing
and the factories
               in the cities
19-22! Well!
The receptionist doesn't answer the phone
and I am in such a rush to speak to you,
                           the Future!
As I don't have a lamp nor dining room
I had to decorate my heart with frost
and white hay
               It takes a long time to read the pages
and I'm only on page 1922
But my memory of you remains
Ruth
       perfume of my book
forest violet
withered among the pages already read
I'm scared of reaching THE END
                      That buzzing of engines
                          tonight
is the airplanes departing
                  for the stars
bearers of the good news

1922

You Russia
Red beneath the snow
you remain the star of the Magi
towards which we guided ourselves
        Black
as the eyes of your women
        Red
as the hearts of your men

Y al otro lado del Pacífico
Estados Unidos Estados Unidos
grises bajo la nieve
Vosotros sóis la otra ala del pájaro mundo
                    ideal y materia
                    entusiasmo y serenidad
Y YO SOY UNO DE SUS OJOS

                                        México, 12-31-21

And on the other side of the Pacific
The United States The United States
grey beneath the snow
You are the other wing of the global bird
                    ideal and material
                    enthusiastic and serene
AND I AM ONE OF ITS EYES

                                        Mexico, 12-31-21

NOCHES MOJADAS

La lluvia mojó los asfaltos
de luz eléctrica
     Y en los asfaltos manchados
de luz amarilla
     roja y azul
caen viejos caballos cansados
Corazones que resbalan
     en las noches de lluvia
Por los campos sin luna
chirrian grillos húmedos
     la frescura azul del follaje empapado
como mi dolor
     Y los faros del auto
proyectan caminos bordeados de fresnos
y llueven gotitas de luz
     que huelen a fresnos
Por los campos sin luna
los autos van regando
     luz
Noches frescas como los ojos
        después de llorar
Sobre los pastos mojados
desciende la frescura azul
     de la serenidad

WET NIGHTS

Rain moistened the asphalt
of electric light
      And on the asphalt stained
by lights yellow
      red and blue
fall the old exhausted horses
Hearts that slide across
      rainy nights
Across the moonless fields
humid crickets chirped
      the blue freshness of soaked leaves
like my sorrow
      and the headlights of autos
projecting roads lined with ash trees
and lil' drops of light
      that smell of ash trees
Across the moonless fields
the autos are sowing
      light
Nights fresh like eyes
         after weeping
Over the wet fields
Descends the blue freshness
      of serenity

Chirrian grillos escondidos
y estrellas
     húmedas también
que resbalan de las hojas de las nubes
     gotitas de luz
como las horas de felicidad
     Noches mojadas
    FRESCURA
del agua tomada en el jarro de barro
    DE GUADALAJARA

México, D.F., Febrero 24 de 1922

Crickets chirped, hidden,
and stars
      moist as well
which slide lil' drops of light
      from the leaves of clouds
like moments of joy
      Wet nights
     FRESHNESS
of water drank from clay jugs
      OF GUADALAJARA

Mexico, D.F., February 24th 1922

ALBA

En el tenue despertar de la noche
Se quejan gatos
        o niños
El rocío
      pesa aún sobre los párpados de las mujeres acostadas
      y los pétalos azules de las rosas dormidas
¡ENCIENDE TU PRIMERA PIPA
    Compañero
Flores maduras cáen lentamente
Y recién nacidos ciegos y rojos
    se desprenden
de entre los muslos abiertos de las hembras
An
   ge   Dos nubes duermen aún sobre la tierra labrada
   lus
Dos nubes pálidas como dos lirios grandes
vinieron a descansar sobre la tierra de los hombres
Pero quizá estén viejas heridas
            o tristes
ESAS DOS NUBES NO SUBIRÁN YA MÁS
   an   ge   lus
En el jardín musical de mi quinta
    hay un bosque
que las almas extraviadas toman por nido
    ES EL ALBA

DAWN

During the tenuous awakening of night
Cats or
     children whine
Dew
     still weighs on the eyelids of women in bed
     and on the blue petals of sleeping roses
LIGHT UP YOUR FIRST PIPE
     Friend!
Ripe flowers slowly fall
And newborns blind and red
     stretch
out from between the opened thighs of females
An
  ge   Two clouds still sleep over the ploughed land
    lus
Two pale clouds like two large lilies
came to rest on the earth which belongs to man
But perhaps they're old wounded
                or sad
THOSE TWO CLOUDS WILL NO LONGER RISE
       an   ge   lus
In the musical garden of my country villa
    there's a forest
which lost souls take for a nest
    IT'S THE DAWN

Oigo rozar las sábanas de la noche que despierta
Tras de su breña
           un hábil cazador persigue con sus balas
los pajarillos de oro
que huyen de los campanarios
¡PERO ES TAN FÁCIL CONFUNDIRLOS CON LAS ÚLTIMAS
                            ESTRELLAS
                          que se van!

México, D.F., Febrero 27 de 1922

I hear the rustling sheets as night awakens
Through its scrub-brush
                a skillful hunter pursues with his bullets
the small birds of gold
who flee from the bell towers
BUT IT'S SO EASY TO CONFUSE THEM WITH THE LAST
                                        STARS
                                            leaving!

                        Mexico, D.F., February 27th 1922

EL DESCANSO

En la verde atmósfera húmeda de rocío astral
Bailarín ebrio de música y luz
el joven mundo giraba locamente
y sus risas eran claras
como los parches de seda de su traje de arlequín
Tenía veinte años
Cabellos verde y nieve
Labradores habían arrugado su frente
Sus ojos azules eran océanos llenos de luz
                    TRISTE ES MI SUERTE TRISTE ES MI SUERTE

                          gritaba girando
                    ¿Acaso ha de ser eterna mi caída
                    Y jamás he de encontrar donde estrellarme?
Mas el joven cirquero seguía echando' saltos mortales
                    a través del espacio
Pobre mundo
Giraba de tal modo
que su cabezota sentía el vértigo
Parecía sol desprendido de algún fuego artificial
                    PERO DE REPENTE PARÓ

Volteó la cara hacia atrás
Miró al sol frente a frente
Cogió una nube
blanca como un pañuelo limpio
Enjugó su amplia frente arrugada por los hombres
                    Suspiró
                    SE ENCOGIÓ DE HOMBROS
y siguió dando de bueltas como un loco

                                    México, 3-22

THE PAUSE

In the green atmosphere moist with astral dew
Dancer drunk on music and light
the young world spun crazily
and his laughter was bright
like the silk patches on his harlequin costume
He was twenty years old
Green and white hair
Peasants had made furrows in his forehead
His blue eyes were oceans brimming with light
      SAD IS MY LOT SAD IS MY LOT

        he shouted spinning
      Must my fall be eternal
      And will I ever find where to smash myself into pieces?
Yet the young acrobat kept on with his somersaults
        through space
Poor world
Spinning so
his big head felt dizzy
he looked like the sun shot from some firework
      BUT IT CEASED ALL OF A SUDDEN

He turned his head back
He faced the sun
He grabbed a cloud
white as a starched handkerchief
He wiped off his ample forehead furrowed by man
          He sighed
      SHRUGGED HIS SHOULDERS
and continued spinning like a madman

                Mexico, 3-22

TRAVIESOS

Los dioses están en clase
El profesor salió
Como no tienen tinteros
ni chicle
ni papel

ESTÁN JUGANDO CON LUS MUNDOS

La Tierra
Nietzche la tenía el último
Wilson y Jesús están en el rincón
Beethoven silba un jazz
y don Quijote baila shimmy
con la Virgen María
                    Aislado
Goethe está haciendo un poema dadá
              y tatá
La Tierra
        Nietzsche la tenía el último
Se la aventó a Lenin
A Lenin se le fué
¡QUÉ DIABLOS ESTA HACIENDO EL PROFESOR!

México, Marzo 25 de 1922

IMPS

The gods are in the classroom
The teacher left
As they don't have inkwells
nor gum
nor paper

THEY'RE PLAYING WITH THE WORLDS

       Earth
Nietzsche had it last
Wilson and Jesus are in the corner
Beethoven whistles some jazz
and Don Quixote dances a shimmy
with the Virgin Mary
              Isolated
Goethe's writing a Dada poem
            and Grampa
The Earth
        Nietzsche had it last
He tossed it to Lenin
And Lenin fumbled
WHAT THE DEVIL IS THAT TEACHER UP TO?!

Mexico, March 25th 1922

NOCHE TROPICAL

Vuelvo de las costas del Pacífico
adonde había yo ido a buscar algo

¡QUIÉN SABE QUÉ!
      Las olas erguíanse cálidas
como grandes senos azules
Todas las olas
      Una noche
la luna tuvo pereza de salir
tan pesdado era el ambiente
Y como el agua estaba caliente también
las verdes medusas fosforecentes
salieron a reposar sus flojos vientres
sobre la tibia playa
Y los melancólicos pescados mojados
fuéronse todos a dormir
sobre la fresca arena
      Una noche
un paseador solitario
silbaba un vals americano
en la costa del Pacífico
Y mi corazón bailaba penosamente
como un viejo trasatlántico
sin tripulantes
sin timón
      Una noche

TODO ERA JARDÍN

TROPICAL NIGHT

I return from the Pacific coasts
where I had gone in search of something

WHO KNOWS WHAT!
        The waves swelled warmly
like great blue breasts
All the waves
      One night
the moon was too fatigued to come out
the atmosphere was so heavy
And as the water was hot as well
the green and phosphorescent jellyfish
came ashore in order to rest their slack bellies
on the warm beach
And the wet, melancholy fish
all went to sleep
on the cool sand
      One night
a lonesome traveler
whistled an American waltz
on the Pacific coast
And my heart danced painfully
like an old transatlantic steamship
without a crew
without a rudder
      One night

EVERYTHING WAS A GARDEN

Una estrella se desprendió del arbol
Cayó a mis piés
La recogí en el hueco de mi mano
y le murmuré palabras tan dulces
que la pobrecilla se encendió de alegría
azul
Y me acordé de tu alma

AQUELLA NOCHE
VOLVÍ DE LAS COSTAS DEL PACÍFICO

Todo era jardín
Alguien sacudió el árbol
y se desprendieron frutas
y lágrimas
y mi corazón

AQUELLA NOCHE
VOLVÍ DE LAS COSTAS DEL PACÍFICO

adonde había yo ido a buscar algo
¡QUIÉN SABE QUÉ!
Las olas erguíanse cálidas
como grandes senos azules
Todas
menos la Ola Verde y Helada
que vino
y se fué
llevándose a mi pena

¡QUIÉN SABE DÓNDE!

Chapala, Abril 14 de 1922

A star detached from the tree
Fell to my feet
I picked her up with cupped hand
and I whispered words so sweet
that the poor lil' thing lit up with blue
joy
And I was reminded of your soul

THAT NIGHT
I RETURNED FROM THE PACIFIC COASTS

Everything was a garden
Someone shook the tree
and fruits were detached
and tears
and my heart

THAT NIGHT
I RETURNED FROM THE PACIFIC COASTS

where I had gone in search of something
WHO KNOWS WHAT!
The waves swelled warmly
like great blue breasts
All of them
Except for the Frosty, Green Wave
which came
and left
carrying off my grief

WHO KNOWS WHERE!

Chapala, April 14th 1922

BRETAÑA

El mar
     ¿Quién podrá jamás pintar
los azules sollozos del oleaje
al morir sobre las rocas?
     Los olas
¿Quién podrá jamás comprender
el temporal en furia sobre un océano
que salpicaban alegres veleros blancos
ahora vagabundos
     con los mástiles rotos
y los flancos hechos pedazos?
Por eso
     todo lo que puedo uno decir
es que vagan
     a la deriva
lentos
     como recuerdos que lastiman

México, D.F., Mayo de 1923

BRITTANY

The sea
        Who could ever paint
the blue sobbing of the tide
upon dying against the crags?
        The waves
Who could ever comprehend
the enraged squall over an ocean
that spattered the white and happy sailboats
now vagabonds
        with broken masts
and hulls in smithereens?
Because of that
        All that one can say
is that they roam
        adrift
slowly
        like memories that wound

Mexico, D.F., May, 1923

COCKTAIL

La carne
es una chiquilla que salta a la cuerda
sobre el pasto de la sensibilidad
    La carne
es una gata que corre
tras las mariposas del espíritu
¿La carne?
       ¡QUÉ VA!
ES EL DESAYUNO DE LAS ALMAS
    y nuestros labios
rozáronse tibiamente
     como dos nubes de paso

México, D.C., Marzo, 1923

COCKTAIL

Flesh
is a small girl who jumps rope
on the grass of sensitivity
        Flesh
is a cat that chases
the butterflies of the spirit
Flesh?
        JEEZ!
IT IS THE BREAKFAST OF SOULS
        and our lips
brushed warmly
        like two passing clouds

Mexico, D.C., March, 1923

MÉXICO

Hojas y plumas
Acuario de agua limpia
Reflejos de escamas mojadas
de sol
        Juegos de luces en los bosques
Los cálidos días se preñan de lágrimas
que suben a los ojos
Y bajo a la verde oscuridad de las selvas
las multicolores eres de los pájaros
rompen el silencio de las hojas entorpecidas
        MÉXICO
Los balazos se abren como flores
en el cielo cristalino
y los indios riegan con su sangre
los campos donde florece la rebelión
        MÉXICO
Gigantescas llamas de zafir y de rubí
consumen sin descanso siglos de copal
que llegan al sol de Anahuac
en espirales de humo frágil
como las plumas rosa
de huitzitzilín

México, Junio 26 de 1923

MEXICO

Leaves and feathers
Aquarium of clean water
Reflections of the sun's wet
scales
                    The play of lights in the forests
The warm days become pregnant with tears
that rise to the eyes
And beneath the green darkness of jungles
the motley zigzag of birds
break the silence of stupefied leaves
                    MEXICO
Bullets open like flowers
in the crystalline sky
and rebellions blossom in the fields
the Indians water with their blood
                    MEXICO
Gigantic flames of sapphire and rubies
indefatigably consume the centuries of incense
that reach the sun of Anahuac
in spirals of fragile smoke
like the rose plumage
of huitzitzilin

                                    Mexico, June 26th 1923

TEMPESTAD

El cielo
es un jardín de florecillas de agua
Magnolias chinas
        Árboles de humo
Pinos noruegos
        Lilas silvestres
El cielo
con el amarillo zig-zag de sus pájaros
es un jardín que se enciende
bajo la lluvia de la tierra
        Por la noche
entre las flores del cielo
        y la tierra
las luciérnagas resbalan gentilmente
como cirqueros japoneses
sobre los frágiles hilos
de la lluvia y de la luna

México, Junio 15 de 1923

TEMPEST

The sky
is a garden with small water flowers
Chinese magnolias
              Trees of smoke
Norwegian pines
              Wild lilies
The sky
with the yellow zig-zag of its birds
is a garden that lights up
beneath the earth's rain
              At night
among the flowers of the sky
              and the earth
the fireflies gracefully slide about
like Japanese acrobats
across the fragile threads
of the rain and the moon

Mexico, June 15th 1923

EL ATARDECER DE UN FAUNO

Como todos me dicen que el invierno está próximo
he recorrido los almacenes más grandes de la ciudad
PERO NADA ENCONTRÉ
      que pudiera abrigarme
Un viejo calvo
      todavía persigue
su fieltro negro
      que el viento empuja en la banqueta
Y cuando cierro los ojos
      aún sigo viendo
la lluvia
      en los rosales de mi jardín
Las estrellas
      brincan cual pulgas de oro en la espalda de la noche
Y como ya obscurece
los ómnibus gigantes regresan al avispero
Esos malditos hombres les han arrancado las alas
como los escolapios a las moscas
Por éso tienen que irse ahora
zumbando
tambaleándose en las calles
    ¡Y NO PORQUE SE ESTÉN HACIENDO LOS CHISTOSOS!

Washington, Sept. 1922

AFTERNOON OF A FAUN

As everyone's telling me that winter's imminent
I've visited the city's department stores
BUT I FOUND NOTHING
       that could keep me warm
An old bald man
       still chases after
his black felt hat
       that the wind pushes across the sidewalk
And when I close my eyes
       I still see
rain
       on my garden's rosebushes
The stars
       skip like golden fleas on the night's shoulder
And as it's already dusk
the gigantic omnibuses return to the wasp's nest
Those nasty men ripped off the wings
like Piarists do to flies
As a result they must set off immediately
buzzing and
staggering about the streets
   AND NOT BECAUSE THEY'RE KIDDING AROUND!!

Washington, Sept. 1922

EL DOLOR ES UN CABALLO DESBOCADO

El vals imbécil de aquel fonógrafo
    ha puesto en movimiento
a la danza grotesca de mis recuerdos
    Si yo fuera cursi
    apagaría este incendio
Sufrimiento
    dolor de la carne
azotas a las almas en pyjamas de seda
Sufrimiento
    dolor del espíritu
la tormenta se ha desatado
    en la selva de mis recuerdos
Pero esta vez el huracán barrerá
    las últimas hojas
Y entonces
    de rabia
TUS DEDOS CRISPADOS EXPRIMIRÁN MI CEREBRO
            SATURADO DE AJENJO
Y CON LA ESPONJA DE MI INTELIGENCIA TE REFRESCARÁS
            LA BOCA
LOS PECHOS
Y TU VIENTRE

Washington, D.C., Octubre de 1922

ANGUISH IS A RUNAWAY HORSE

The imbecilic waltz on that phonograph
        has set into motion
the grotesque dance of my memories
        If I were sentimental
        I would put out this blaze
Suffering
        anguish of flesh
you whip souls in silk pajamas
Suffering
        anguish of the spirit
the storm has been unleashed
        in the jungle of my memories
But this time the hurricane will sweep away
        the last leaves
And then
        from rage
YOUR TENSE FINGERS WILL SQUEEZE MY BRAIN
                  SATURATED WITH ABSINTHE
AND WITH THE SPONGE OF MY INTELLIGENCE YOU WILL
                  REFRESH YOUR MOUTH
BREASTS
AND WOMB

Washington, D.C., October 1922

SIGLO XX

Ya no es hora
de que las mujeres lloren
ni de que los hombres abran sus corazones
como grandes abanicos rojos
Ya no hay sueños
ni ensueños
Sólo las noches
siguen exhalando su perfume azul
que se derrama sobre campos de rocío
donde las mujeres tiradas
ofrecen a las pasantes
                           sus carnes
completamente desnudas
                           a los puercos
                           a los perros
                           al dinero
sus lindas carnes
                   completamente frías
COMPLETAMENTE DESNUDAS

                                Washington, D.C., Sept. 1922

XX CENTURY

It's no longer the right time
for women to cry
nor for men to open their hearts
like great red fans
There are no more dreams
nor reveries
Only the nights
continue emitting their blue perfume
which is poured over fields of dew
where the women stretch out
and offer to the passersby
                              their completely
bare flesh

                              to pigs
                              to dogs
                              to money
their pretty flesh
            completely cold
COMPLETELY BARE

                              Washington, D.C., Sept. 1922

NOCHES MEXICANAS

I

Con paralunas abiertos
las parejas van cortando estrellas
en la arena azul
mientras a orillas del lago
un coro de voces frescas
adormece a las aguas cansadas
como un jardín
      A orillas del lago de Chapala
todas las noches
      se agitan las almas
y duermen las olas
Y las mecedoras barcas de los pescadores
sin ruido
resbalan
acercándose a la playa musical

MEXICAN NIGHTS

I

With moonchutes open
the couples go about clipping stars
on the blue sand
while on the lake's shore
a chorus of cooling voices
soothe the tired waters to sleep
like a garden
       On the shore of Chapala lake
every night
       souls are stirred
and the waves go to sleep
And the rocking boats of fishermen
without making a noise
slide along
approaching the musical beach

II

En el kiosko morisco de nuestra Alameda
de Santa María
hay un ciego que vende estrellas
de a tostón
Por eso quedó apagado el cielo
y el organillo que tiene forma de corazón
en vano recorre las calles oscuras
vendiendo alegría

II

At the Moorish kiosk of our
Santa María Boulevard
there's a blind man who sells stars
for 50 cents
because of that the sky turned off
and the heart-shaped barrel organ
wanders the dark streets in vain
selling happiness

III

En una pulquería
la Virgen María
se muere de melancolía
A cada minuto los astros se guiñan el ojo
y se oye en choque de camiones ebrios
¡MUERAN LOS TRENES DE SAN RAFAEL!

III

In a pulquería
the Virgin Mary
dies from melancholy
Every minute the stars wink their eyes
and a crash of drunken trucks resounds
DEATH TO THE TRAINS OF SAN RAFAEL!

IV

Camino del rancho
un charro endomingado
con voz de guacamaya
va floreando a la luna

    Suena un tiro
que quiebra el cristal de la noche
      Todas las estrellas se van

Y es en vano
que las notas de oro
de guitarras trémulas
vuelan a prenderse
      en el firmamento

Washington, Abril 1923

IV

Country road
a charro in his Sunday best
with a voice like a macaw's
he flowers off to the moon

A gunshot
that shatters the night's window
All the stars leave

And it's in vain
that the notes of gold
from tremulous guitars
take flight in order to light up
in the firmament

Washington, April 1923

FERNÁNDEZ CONCHA SE HA SUICIDADO

(Associated Press)

Desde las Sierras del Perú
tuve que viajar hasta Wahington
para conocerlo
      FERNÁNDEZ CONCHA
periodista
fumador de ensueños
      una noche azul
tomó el elevador directo hasta el último piso
y en la intimidad de su guardilla
suavizada con cojines de vida bohemia
descolgó la bocina
      Y CITÓ A LA MUERTE POR TELÉFONO

FERNÁNDEZ CONCHA HAS COMMITTED SUICIDE

(Associated Press)

From the Sierras of Peru
I had to travel to Washington
in order to meet him
    FERNÁNDEZ CONCHA
newspaper reporter
smoker of reveries
    one blue night
he took the elevator straight to the topmost floor
and from his intimate garret
softened by the cushions of a Bohemian life
he picked up the phone
    AND MADE AN APPT WITH DEATH BY TELEPHONE

II

A causa del estado seco
como no tenía vinos auténticos
ofrecióle a su amable visitante
la borrachera
      de un "gyn" falsificado
La victrola se moría de melancolía
      Loco abrazo
El cuatro en tinieblas
se descompuso todo
      Por el suelo
como ideas
      yacían unos cojines
sin vida
      DOS TIROS SONARON
negros como los címbalos de la bailarina
negros como dos manchas de tinta en la noche
      y la muerte desnuda
para él
      empezó a bailar
DOS TIROS SONARON COMO MANCHAS DE TINTA EN LA NOCHE
los labios rojos habían besado a los labios negros

II

Due to the dry state of things
and as there wasn't any real wine
he offered his friendly visitor
the drunkenness
      of a fake "gyn"
The Victrola was dying of melancholy
      Mad embrace
The room steeped in darkness
everything broke
      Across the floor
like ideas
      some cushions were heaped
lifeless
     TWO SHOTS ECHOED
black like the ballerina's cymbals
black like two ink stains on the night
      and naked death
started dancing
      for him
TWO SHOTS ECHOED LIKE INK STAINS ON THE NIGHT
red lips had kissed black lips

III

Cuando los detectives y los zopilotes
atraídos por la muerte
llegaron hasta las carnes heladas
    Como niños traviesos
tuvieron que ir a esconder su risa
    en el cuatro de al lado:
EL CADÁVER DE FERNÁNDEZ CONCHA
LLEVABA AÚN EN LA BOCA EL GESTO IRÓNICO
DE AQUEL QUE HA VISTO A DIOS REÍRSE A CARCAJADAS

México, D.F., Mayo 22 de 1923

III

When detectives and vultures
attracted by death
arrived with icy flesh
     Like mischievous children
they had to hide their laughter
     in the room next door:
THE CORPSE OF FERNÁNDEZ CONCHA
STILL REVEALED IN ITS MOUTH THE IRONIC MARK
OF HE WHO HAS SEEN GOD CACKLING MADLY

          Mexico City, May 22nd 1923

AVIÓN

A los lejos
oigo el mar
cantar la tarde gris
Sobre las yerbas del más alto acantilado
                estoy recostado
y ya no hay peligro de que me muerdas
oh mi bestia amada
¡QUÉ BUEN TIEMPO DEBE HACER ALLA ARRIBA!
alma mía llena de sol

He construído el aeroplano más grande del mundo
y en él voy a partir
con mi alma llena de sol
Llevaré también a mis mujeres más voluptuosas
después de haberles arrancado los sesos
                perras tiernas y obedientes
y además flores y un fonógrafo
                para acordarme de la tierra
Zumba avión   hijito mío
¡Qué feliz de partir
hacia un azul infinito!
Toda la buena carne de mi corazón
los hombres me la han devorado
                ¡A D I Ó S   T I E R R A!
a la que tanto me gustó cantar
Ahora
mi corazón de acero
vibra mecánicamente
¡ADIOS TIERRA A LA QUE TANTO ME GUSTO CANTAR!

Abajo
oigo sollozar al mar que me vió partir

AEROPLANE

From far off
I hear the sea
sing the gray afternoon
I am resting
        on the tallest cliff's grass
and there's no danger in your biting me
Oh my beloved beast
WHAT NICE WEATHER THERE MUST BE UP THERE!
sundrenched soul of my mine

I have built the biggest aeroplane in the world
I will set off in it
with my sundrenched soul
I will also take my most voluptuous women
after having pulled out their brains
                tender and obedient bitches
as well as flowers and a phonograph
                in order to remember the earth
Buzz aeroplane   my lil' boy
What joy in setting off
for blue infinity!
All the good meat of my heart's been
devoured by men
                    G O O D B Y E   E A R T H!
that I loved singing about
Now
my steel heart
vibrates mechanically
GOODBYE EARTH THAT I LOVED SINGING ABOUT!

Down there
I hear the sea sobbing because it saw me leave

AQUÍ YACE

el alma de mi primera juventud
extendida toda sobre las páginas
de éste mi primer libro.

K. T.

HERE LIES

the soul of my first youth
entirely extended over the pages
of this my first book.

K. T.